E. LANGLOIS

LA GUERRE INUTILE

RÉPONSE

à

LA GUERRE NÉCESSAIRE

de

M. C. DREYFUS

député de la Seine

« *Aucune Guerre ne peut être déclarée*
« *sans l'assentiment des Chambres.* »
CONSTITUTION DE 1875.

« *Aucune Guerre ne peut être déclarée*
« *sans l'assentiment du Peuple.* »
PROGRAMME RÉVISIONNISTE

« *Plus d'hommes au cœur léger.* »
SOUVENIR DE 1870.

Prix : 1 franc

EN VENTE A PARIS
A LA LIBRAIRIE J.-F. DOSMOND
14, rue Pavée-au-Marais, 14

1890

LA GUERRE INUTILE

RÉPONSE

à

LA GUERRE NÉCESSAIRE

E. LANGLOIS

LA GUERRE INUTILE

RÉPONSE

à

LA GUERRE NÉCESSAIRE

de

M. C. DREYFUS

député de la Seine

« *Aucune Guerre ne peut être déclarée*
« *sans l'assentiment des Chambres.* »
CONSTITUTION DE 1875.

« *Aucune Guerre ne peut être déclarée*
« *sans l'assentiment du Peuple.* »
PROGRAMME RÉVISIONNISTE

« *Plus d'hommes au cœur léger.* »
SOUVENIR DE 1870.

Prix : 1 franc

EN VENTE A PARIS
A LA LIBRAIRIE J.-F. DOSMOND
14, rue Pavée-au-Marais, 14

1890

E. LANGLOIS

LA GUERRE INUTILE

—

RÉPONSE

à

LA GUERRE NÉCESSAIRE

de

M. C. DREYFUS

DÉPUTÉ DE LA SEINE

La Constitution de 1875 dit :

« Aucune guerre ne peut être déclarée sans l'assentiment des Chambres. »

Le programme révisionniste demande le *Referendum* et dit :

« Aucune guerre ne peut être déclarée sans l'assentiment du Peuple ! »

M. Dreyfus, député de la Seine, vient, dans une brochure récente, de trancher ce différend : il a, de sa propre autorité, déclaré la guerre à S. M. l'Empereur d'Allemagne, Guillaume II.

Il a de son propre chef déchiré le traité de Francfort en affirmant que la France est tenue aujourd'hui de déclarer la guerre au peuple allemand.

*
* *

M. Dreyfus voudra bien permettre à un simple citoyen, qui n'est ni député, ni aspirant ministre, d'examiner avec lui cette situation.

M. Dreyfus, sans hésitation, déclare que la guerre est nécessaire.

L'accueil fait à sa brochure ne permet pas de penser que la France soit absolument de son avis.

*
* *

Nous la suivrons point par point et nous nous contenterons de consigner ici les quelques observations qu'elle nous a suggérées.

M. Dreyfus dit :

« *Pendant que M. de Bismarck affirme que* « *l'Allemagne ne veut pas la guerre, l'Empe-* « *reur Guillaume II fait entendre des paroles* « *menaçantes.* »

Nous répondons, nous, que M. Dreyfus fait entendre des paroles menaçantes et nous affirmons que la France ne veut pas la guerre.

M. Dreyfus est investi d'un mandat qui n'indique pas que les électeurs du XIIe arrondissement (2e circonscription) l'aient jamais chargé d'entonner un refrain aussi guerrier. Nous lui demanderons de quel droit il s'est permis d'ajouter à son programme une déclaration de guerre aussi inopinée et aussi inopportune?

Nous nous serions incliné, si ses électeurs avaient été consultés à ce sujet.

Ils ne l'ont pas été : M. Dreyfus a donc outrepassé son mandat ; c'est comme député, et non comme simple citoyen, qu'il a signé son ouvrage.

« *Le moment est venu*, dit-il, *de faire réviser le traité de Francfort ou de le déchirer.* »

Il est bien temps de s'en apercevoir, surtout quand ce traité est à la veille d'expirer.

* * *

Nous ne sommes pas de ceux qui pensent que la France n'a pas l'énergie de revendiquer ses droits. Nous croyons, au contraire, qu'elle saura se faire respecter ; cependant, nous ne pouvons faire autrement que de rechercher le point de départ de cette déclaration de guerre et l'origine de cet obus qui semble avoir fait long feu.

M. Dreyfus ajoute :

« *Je n'écris ces lignes qu'après avoir long-*
« *temps médité.*

« *J'ai lutté, reculant devant la responsa-*
« *bilité morale qui pèsera sur l'homme qui*
« *ayant donné un tel conseil à son pays et ayant*
« *été écouté serait la cause première et le té-*
« *moin de désastres irréparables.*

« *Et cependant la vérité m'apparait telle-*
« *ment évidente, brutale, comme la crudité*
« *d'un jour d'orage* (oh ! Reinach), *que je ne*
« *me crois pas le droit de la taire.*

« *Je dis tout haut ce que maint Français pense tout bas.* »

Phraséologie magnifique !

Les précédents écrits de M. le député Dreyfus n'indiquent aucune phase de ce genre de lutte et d'hésitation.

Comment, dans une circonstance aussi grave, M. Dreyfus peut-il avoir aussi longtemps hésité ?

S'il a hésité, c'est qu'il doutait. Et tout à coup le doute a, dans son esprit, fait place à la certitude, à tel point qu'il n'hésite pas à dire :

« *Faisons la guerre, la raison diploma-*
« *tique nous le permet, la raison économique*

« *nous l'impose, la raison militaire nous le* « *commande.*

« *Faisons la guerre, l'heure historique* « *est venue.* »

Voilà une heure que beaucoup d'historiens ont toujours ignorée.

Mais M. Dreyfus a trouvé son chemin de Damas, il n'y a plus pour lui aucun doute.

D'après lui, la guerre serait indispensable, inévitable.

⁂

Quant à la responsabilité morale de M. C. Dreyfus, elle pourrait être comparée à celle de « *l'homme au cœur léger* », et l'on s'étonne de voir, à vingt ans de distance, lorsque vibre encore dans nos cœurs le souvenir d'événements qui ont failli faire sombrer notre patrie, l'on s'étonne, disons-nous, de voir reparaître dans l'esprit d'un député français les mêmes imprudences et les mêmes fanfaronnades que celles qui nous ont conduits aux désastres de 1870.

*
* *

Telle impératrice a voulu sa guerre ; M. le député Dreyfus voudrait-il aussi la sienne ?

Nous sommes tenté de le croire en lisant les lignes suivantes :

« *Je le répète,* dit M. Dreyfus, *le moment*
« *est venu, pour la France, de faire la guerre*
« *à l'Allemagne.* »

Il n'y a pas d'équivoque; les mots sont clairs, nets et tranchants.

L'auteur de la brochure en question compare les situations respectives de la France et de l'Allemagne ; il n'hésite pas à déclarer que la « *France est aujourd'hui à la merci d'une*
« *invasion subite, du coup de tête d'un sou-*
« *verain mystique ou affolé par la Révo-*
« *lution ; il ajoute que la France est ouverte*
« *à l'invasion.* »

Qu'ont donc fait jusqu'ici les différents

cabinets qui se sont succédé, pour qu'un député, rapporteur de la commission de l'armée, se permette une pareille affirmation ?

Est-ce donc en pure perte que les budgets de la guerre n'ont fait que croître, sinon embellir ? A quel contrôle se sont donc livrés les membres des commissions du budget, pour qu'aujourd'hui on en arrive à nous faire une aussi terrible communication.

M. le député Dreyfus pourrait mieux que personne nous renseigner à ce sujet : il a été le secrétaire de M. Wilson qui, pendant la durée de ses mandats successifs, a fréquemment fait partie de la commission d'examen des finances, d'où le budget de la défense du pays n'était pas éliminé.

M. Dreyfus aurait pu nous éclairer à ce sujet au lieu de détailler dans sa brochure le nombre d'hommes et de chevaux que la France peut mettre en ligne.

Cette question nous aurait intéressé d'avantage, car si nous pouvons chaque jour consulter des statistiques militaires nous ne sommes pas chaque jour incités à en utiliser les éléments.

*
* *

M. Dreyfus dit encore :

« *Aux flancs de la patrie saigne comme*
« *une plaie toujours ouverte la place où étaient*
« *les départements du Haut-Rhin, de la*
« *Meurthe et de la Moselle. Bismarck lui-*
« *même, notre plus terrible adversaire, l'avait*
« *compris.* »

Sans être Bismarck lui-même, nous autres, Français, n'avions pas manqué de le comprendre et nous sommes surpris qu'on croie qu'il soit nécessaire de nous le rappeler.

*
* *

Les lignes qui suivent nous paraissent mériter aussi quelque attention ; elles donneront probablement la clef du problème ; lisons attentivement :

« *Pendant que la France est envahie par*

« *les Allemands, aujourd'hui marchands,*
« *professeurs, écuyers, balayeurs, tous espions*
« *demain, une fille qui veut embrasser sa*
« *mère mourante est arrêtée par les douaniers*
« *prussiens ; il ne faut pas moins qu'une dé-*
« *pêche de l'Impératrice Frédéric pour lui*
« *ouvrir les portes de la maison maternelle,*
« *pendant qu'à Paris grouille la tourbe des*
« *journalistes allemands, tous plus ou moins*
« *décorés de la croix de fer, mais tous reptiles.*
« *tous espions.* »

M. Dreyfus est journaliste, il devrait bien nous citer quelques noms.

*
* *

Cette brochure, décidément nous intéresse ; suivons :

« *On ose à peine condamner les officiers*
« *allemands que l'on surprend chaque jour*
« *sur notre territoire en flagrant délit d'es-*
« *pionnage, tandis qu'en Allemagne, dans les*
« *forteresses, étaient retenus, hier encore, sont*

« peut-être *retenus encore aujourd'hui, des*
« *patriotes français, coupables d'avoir trop*
« *aimé la France.* »

Pourquoi ce « peut-être » ?

Pourquoi les Chambres — et M. Dreyfus en fait partie — n'ont-elles pas encore mis le gouvernement en demeure de faire le nécessaire pour obtenir du cabinet de Berlin les renseignements les plus précis à ce sujet ?

Il est pénible de penser que cette allégation va jeter nombre de familles de France dans l'incertitude, le doute, la crainte et l'angoisse.

Une pauvre mère croit son fils mort au champ d'honneur en 1870 ; elle espérera maintenant qu'il a survécu à nos désastres, et qu'il reviendra se jeter dans ses bras quand le gouvernement allemand lui aura ouvert les portes de la forteresse où ce fils gémit depuis vingt ans.

N'est-il pas urgent que chaque famille soit rassurée à ce sujet ?

A quoi servent donc les chancelleries si

vingt ans après la guerre nous ne connaissons pas exactement le sort de nos soldats ?

Voilà pour M. le député Dreyfus une responsabilité morale.

*
* *

Lisons toujours :

« *La paix, souvent menacée, n'a jamais été*
« *troublée et la France a repris, somme toute,*
« *sa place dans le monde !*

« *Soit, au prix de notre sécurité et de notre*
« *indépendance futures, nous avons pu vivre,*
« *commercer, reprendre nos relations avec le*
« *monde.*

« *Je veux tout cela ; mais au prix de quels*
« *sacrifices ? Je vais vous le dire, puisqu'on*
« *semble l'oublier.*

« *A la suite de ses désastres, la France*
« *se trouvait dans une situation financière*
« *telle qu'il ne s'en est jamais vu d'analogue*
« *dans l'histoire.* »

C'est exact, nous avions à payer une indemnité de guerre de cinq milliards.

« *L'Allemagne*, ajoute l'auteur, *ne s'est pas contentée de cette rançon* ». Il conclut en disant que la réparation et la réfection de notre armement nous a coûté, de 1872 à 1890, 15 milliards 400 millions ;

A quelques francs près, c'est une modeste dépense de 20 milliards... Saluez !...

Ce chiffre néanmoins ne nous effraie pas.

Les différents ministères qui ont eu la charge, de concert avec les Chambres, de veiller à la défense nationale ont certainement, dans leur esprit de patriotisme, fait tout ce qui pouvait être nécessaire pour assurer la sécurité de notre patrie, rien n'a été épargné pour que la France ne fût point exposée à une nouvelle modification de ses frontières.

Nous avons soldé pécuniairement nos comptes avec nos vainqueurs.

Mais nos vainqueurs, par l'organe d'un des plus autorisés de leurs chefs, n'ont pas hésité à nous faire savoir que, pour nous achever, ils agiraient à coups de tarifs.

Guerre commerciale.

Guerre permanente.

Ce que l'honorable auteur de la brochure oublie de nous dire, c'est qu'une autre guerre nous a été déclarée. Cette guerre mérite, avant tout, de fixer l'attention de nos concitoyens ; c'est la guerre que nous font depuis dix ans les financiers de tout ordre.

Jetons un regard sur les dix dernières années 1880-1890 ; qu'y trouvons-nous? des ruines !

Et il sera facile de voir que si les coups de tarifs ne nous ont pas été épargnés, nous n'avons pu rester indifférents aux coups de bourse.

Ne pouvant décemment continuer la guerre sanglante, modèle 1870, l'Allemagne a entrepris contre nous la guerre financière, moins dangereuse et plus avantageuse pour elle.

*
* *

Les hommes qui occupent le palais de la Bourse n'ont pas tous, il s'en faut, un certificat d'origine française.

*
* *

Nous n'avons pas l'intention de faire la récapitulation des sinistres successifs qui ont réduit la fortune de la France à sa plus simple expression.

Mais ! demanderons-nous ?

Où sont les millions perdus dans la catastrophe de l'Union générale ?

Où sont les millions perdus dans l'affaire de la banque de Lyon et Loire ?

Où sont les millions perdus dans la ruine du canal de Panama ?

Où sont les millions perdus dans la ruine du Comptoir d'Escompte ?

Où sont les millions perdus dans la chute de la Société des Métaux ?

Nous sommes effrayé devant ces chiffres, et nous nous demandons si depuis dix ans la France n'a pas eu à supporter des pertes plus dures que celles qui lui ont été imposées par les vainqueurs de 1870.

Sommes-nous sûrs de revoir les finances italiennes assez prospères pour garantir nos nationaux ?

Non.

Et cependant on nous transmet encore les sourires de l'Italie, cigale qui connaît bien les greniers de la fourmi.

Rappelons-nous les ruines qu'ont faites en France les emprunts Ottomans, les emprunts Espagnols, et tant d'autres qu'il serait fastidieux d'énumérer et demandons-nous surtout quels sont les hommes qui doivent en assumer la responsabilité.

Notre réponse ne peut être douteuse.

***

Loin de nous la pensée d'incriminer un seul instant les excellentes intentions de l'auteur de *la Guerre nécessaire.*

Nous croyons à son entière sincérité et à son ardeur la plus patriotique.

Nous aurions mauvaise grâce à pratiquer d'autres sentiments.

Son rang dans l'armée territoriale (état-major), l'étoile qui brille sur sa poitrine, sa qualité d'ancien conseiller municipal de Paris, député de la Seine, aujourd'hui, directeur d'un journal qui pourra propablement peut-être, dans l'avenir, donner à l'opinion publique une direction conforme aux grands intérêts de la patrie : tous ces titres et honneurs mérités le mettent au-dessus des appréciations du plus humble de ses concitoyens.

Cependant nous ne pouvons éviter de jeter un regard sur notre belle France : nous ne doutons pas du cœur de ses enfants.

Personne ne pourra dire qu'un Français

reculerait devant un canon Krupp prêt à partir.

Mais.... nous nous souvenons de 70 !

* * *

Pourquoi M. Dreyfus, Pierre-l'Ermite d'un genre nouveau, prêche-t-il cette croisade contre nos voisins d'outre-Rhin ?

Et cela, au lendemain de l'Exposition universelle, et cela, le jour où l'Europe entière a pu constater que la France ne demandait qu'à se recueillir dans le travail, et cela, le jour où s'ouvre à Londres une Exposition des produits français qui permettra de montrer à l'Angleterre quelles ressources elle peut trouver dans notre industrie, dans notre commerce, et réciproquement.

Les peuples sont las des guerres inutiles : chacun sait que l'ancien *Væ Victis* se traduit aujourd'hui par *Væ Victoribus* : l'Allemagne elle-même se demande si 1870 ne lui coûte pas plus cher qu'à la France, et un député français nous donne rendez-vous en Alsace !

Il convie les deux armées sur un terrain qui fume encore du sang de nos aînés, au moment même où le Président de la République française, à Belfort, se fait auprès de nos frères de province l'apôtre sincère de la paix.

La France jugera.

* * *

Elle se demandera pourquoi le traité de Francfort qui ne concerne que deux nations ne peut, d'après M. Dreyfus, être modifié que par les armes.

Elle se demandera s'il ne serait pas préférable de convoquer à ce sujet un nouveau congrès comme celui de Berlin, congrès dans lequel ont été si pacifiquement discutés les intérêts des travailleurs de l'Europe entière ; non point que nous soyons satisfaits de ce dernier congrès, car nous pensons que l'Allemagne n'aurait pas manqué d'oublier de répondre à pareille invitation si la République française en eût pris l'initiative.

Un traité de commerce n'est autre chose qu'une opération commerciale et peut facilement se conclure sans l'intervention des fusils Lebel et des canons Krupp.

La France peut remédier à la crise économique suscitée par les charges que lui impose la préparation de sa défense ; elle le peut autrement que par la guerre.

La guerre ne pourrait qu'augmenter ses dettes, accélérer la banqueroute que certaines rapacités semblent avoir l'intention d'exploiter.

Mais nous pouvons être tranquilles ; la France laborieuse, intelligente, productive, peut, sans crainte, attendre les événements.

Il est peu probable qu'il soit aisé d'en dire autant de ses voisins.

La banqueroute ! d'où pourrait-elle venir, sinon des agissements de certains financiers contre lesquels nous avons à nous armer le plus promptement possible. Notre indifférence a trop longtemps fait leur force.

Il est temps d'en finir : il y a deux ans il n'était pas trop tôt, dans deux ans il sera peut-être trop tard.

Qui peut dire que les conséquences de la « *Guerre nécessaire* » ne seraient pas désastreuses au point de vue financier ?

Qui peut dire que tel ou tel agioteur ne serait pas heureux de liquider une position gênante en tablant sur la baisse qu'une panique justifiée pourrait entraîner ?

Qui peut dire que, profitant du trouble qu'apporterait en France la déclaration de la guerre préconisée par l'auteur de la « *Guerre nécessaire* », certaines sociétés financières, industrielles ou autres ne seraient pas satisfaites de trouver une occasion de se tirer de gros embarras ?

Les précédents ne manquent pas.

Envisageons froidement la situation.

Le Crédit foncier de France vient d'être, à deux reprises différentes, l'objet d'attaques qui n'ont pas manqué de jeter l'effroi dans la grande comme dans la petite épargne ; ces attaques ont amené une baisse qui se chiffre par centaines de millions.

Le Crédit foncier de France est le créancier de la propriété communale, foncière et immobilière, on peut donc le considérer comme moralement propriétaire de la plus grande portion du territoire français : ses emprunts successifs, ses statistiques en font foi.

Qu'arriverait-il si sa direction était remise à une administration sensiblement teintée d'exotisme ? . . .

Le Crédit foncier de France est-il réellement à l'abri de cette appréciation, et si son conseil d'administration doit être essentiellement français qui nous dit que ses membres peuvent se soustraire à des influences étrangères ?

C'est là le point capital.

Il ne suffit pas de monter la garde à la frontière, il faut surtout surveiller le drainage de notre épargne qui souvent s'égare à l'étranger.

Prêtons à ceux dont la sympathie nous est assurée, mais ne donnons point notre argent pour qu'il nous revienne sous forme d'obus.

La guerre nécessaire la voilà.

Notre intention n'est point d'entrer dans la voie qu'ont suivi jusqu'ici les économistes de notre siècle ; leurs élucubrations, leurs systèmes, leurs compilations nous ont amenés à contracter la dette la plus formidable.

Résultat : impôts et chômage !

Nous avons en perspective un emprunt prochain d'un milliard 400 millions.

Les études de ces économistes, quels que soient leurs noms, leurs idées n'auraient jamais vu le jour, que nous n'en serions pas plus endettés, au contraire.

Il est temps de nous arrêter dans cette voie, et c'est sur ce point que nous appelons l'attention des hommes indépendants et désintéressés.

Par une étrange coïncidence, nous avons à constater que trois Israëlites forment aujourd'hui une trinité surprenante.

L'un tient dans sa main les finances de la France — nous dirons même celles de l'Europe entière.

L'autre propose contre la presse des mesures qu'aurait repoussées Polignac lui-même en 1830.

M. Dreyfus appelle la guerre de tous ses vœux !...

Nous ne pourrons pas être taxés d'antisémitisme, car nous professons la plus profonde admiration pour un des fils d'Israël, que l'histoire appelle Jésus-Christ.

Nous avons sous les yeux, les plus belles maximes de ce grand apôtre de l'humanité.

Nous y lisons : « Aimez-vous les uns les autres. »

Cette maxime est la nôtre.

Nous lisons : « Celui qui se servira de l'épée périra par l'épée. »

A bon entendeur, salut !

Nous l'admirons, ce fils d'Israël, car il a posé les fondements de la civilisation et de l'émancipation des peuples ; il était l'ennemi des ennemis de l'humanité ; l'histoire nous dit qu'à trente-trois ans il mourait victime de ces beaux sentiments.

M. Dreyfus est encore de ce monde.

*
* *

Quel intérêt M. Dreyfus peut-il avoir à mépriser ces belles maximes ?

C'est le cas de rappeler le vieux proverbe : « *Is fecit cui prodest.* »

Nous savons que M. Dreyfus *fecit* la brochure « *la Guerre nécessaire* », nous serions désireux de savoir quel est celui « *cui prodest* » : en trois mots, *qui en profitera.*

*
* *

Les différents détails que nous donne M. Dreyfus sur l'effectif de nos troupes, sur leur action probable en cas de guerre, sur la tactique générale, sur les « *difficultés* » de mobilisation des armées ennemies nous paraissent un peu déplacés.

Ils auraient été avantageusement passés

sous silence ; car si nous sommes avertis, nos ennemis sont prévenus par l'auteur de la brochure ; et nous ne pensons pas que M. le Ministre de la guerre ait autorisé une semblable divulgation, si tant est qu'elle soit rigoureusement exacte.

Si les paroles de M. Dreyfus avaient été écoutées, nos corps d'armées seraient déjà mobilisés : et nous voyons qu'il est rapporteur d'un projet de réorganisation de l'armée territoriale, adopté par la Chambre le 31 Mai !

Pourquoi M. Dreyfus déclare-t-il que la guerre est nécessaire si notre organisation lui paraît encore défectueuse ? et si notre organisation lui paraît défectueuse, pourquoi déclare-t-il que nous sommes plus que jamais prêts pour la guerre ?

* *

« *Nous avons,* dit M. Dreyfus, *fait la guerre* « *en Tunisie, au Tonkin, à Madagascar, au* « *Sénégal, dans le Sud oranais.* »

Nos troupes sont encore aujourd'hui disséminées sur ces différents points, — le Dahomey en plus, — et c'est ce moment que l'on choisit pour inviter gracieusement la France à prendre l'initiative d'une campagne qui peut, du jour au lendemain, mettre l'Europe en feu.

*
* *

Un autre point plus intéressant, et nous citons textuellement :

« *Au moment où se produisit l'incident*
« *Schnaebelé*, dit M. Dreyfus, *un des ouvriers*
« *compositeurs d'un des grands journaux de*
« *Paris faisait ses 13 jours comme territo-*
« *rial.*

« *C'était un socialiste révolutionnaire en-*
« *nemi de la guerre, ennemi des armées per-*
« *manentes, convaincu que les peuples sont*
« *des frères et que les tyrans seuls sont des*
« *ennemis ; il vint un jour rendre visite à ses*

« *camarades d'atelier, histoire d'arroser l'uni-*
« *forme* (sic), *et comme on m'invitait à pren-*
« *dre ma part de cette réception, je ne pus*
« *m'empêcher de lui demander ce qu'on di-*
« *sait au corps des affaires du jour et de la*
« *provocation des Allemands.*

« — *On dit que s'ils nous em..... trop,*
« *nous cognerons dessus.* (Style académique.)

« *Allez donc parler à ces gens-là d'alliance*
« *avec l'Allemagne, de paix éternelle, de re-*
« *nonciation à l'Alsace et à la Lorraine !*

« *On peut le dire aujourd'hui sans incon-*
« *vénient, parce que la chute est assez pro-*
« *fonde.*

« *A la vérité, est-ce que ce qu'il y a eu de*
« *sain dans la popularité primitive du général*
« *Boulanger n'était pas l'expression de ce*
« *sentiment ? est-ce que ce n'est pas parce*
« *qu'on a vu un général jeune qui parlait*
« *d'offensive, qui ne paraissait pas vouloir*
« *courber la tête devant l'Allemagne, en qui*
« *on croyait retrouver Hoche ou Marceau,*
« *que la faveur populaire s'est attachée à son*
« *nom ?*

« *Que le général Boulanger, pour son*
« *malheur, ait gaspillé cette popularité, ce*
« *n'est un doute pour personne, mais c'est là*
« *l'origine de sa fortune.*
« *L'Allemagne en faisait un épouvantail*
« *et le patriotisme français a pendant quel-*
« *ques mois mis en lui son espoir. Cet espoir,*
« *pourquoi nous serait-il interdit?* »

Paroles franches et sincères.

Chacun se rappelle la patience avec laquelle la France a supporté les provocations de l'Allemagne lors de l'incident Schnaebelé, lors de l'attentat dont fut victime un officier de l'armée française.

Nos cœurs bondirent sous l'affront, la colère grondait ; la raison l'emporta grâce à l'attitude énergique des ministres d'alors.

Celui dont l'Allemagne faisait un épouvantail est aujourd'hui en exil.

Nous devons de chauds remerciements à

M. Dreyfus ; nous sommes heureux de constater qu'il reconnaît le patriotisme pur dans la personne du général Boulanger ; nous sommes heureux de voir que M. Dreyfus néglige complètement les accusations ineptes dont ce patriote et ses amis ont été l'objet.

Il ne lui reste plus qu'à demander l'annulation du jugement de la Haute-Cour, le retour en France du général Boulanger, et nécessairement celui d'Henri Rochefort.

Si le général Boulanger a gaspillé sa popularité, ce que nous ne croyons pas, c'est qu'il était loin d'avoir l'intention de s'en servir dans un intérêt personnel (nous enregistrons l'aveu), et nous marcherions de cœur avec M. Dreyfus s'il demandait que se refit l'unité morale de la patrie sur un autre terrain que celui de la *Guerre nécessaire* qu'il appelle de tous ses vœux.

Nous regrettons son dithyrambe en l'honneur de la guerre. Il eût put jeter le trouble dans le pays, si ce pays l'eût pris au sérieux.

Il y a un an, M. Dreyfus et ses amis ne

cessaient de crier que le général Boulanger personnifiait la guerre, et le général répondait :

« *Je serais un fou si je voulais la guerre ;* « *si je ne m'y préparais pas, je serais un* « *misérable !* »

M. Dreyfus fera bien de méditer ces sages paroles.

⁂

Nous le répétons : le pays ne veut pas la guerre, et il sait supporter une paix honorable et armée, quoique onéreuse.

La France a trop de blessures à panser pour que l'on vienne, au nom d'intérêts inconnus, l'exposer à verser le plus pur de son sang.

La France, attaquée, saura se faire respecter ; nous désirons qu'elle soit l'arbitre de la paix et qu'elle reste toujours le trait d'union des nations pacifiques.

M. Dreyfus termine sa brochure par ces mots :

« *Le moment est venu pour la France de*
« *de faire la guerre à l'Allemagne.*

« *O guerre ! malgré les cadavres et les*
« *ruines que tu sèmes à pleines mains sur ta*
« *route, je t'appelle de mes vœux parce que j'ai*
« *la conviction que, sous les plis du drapeau*
« *tricolore, flottant de nouveau sur les champs*
« *de bataille, les Français oublieront leurs*
« *misérables querelles intérieures ; parce que*
« *je sais que devant l'ennemi il n'y aura plus*
« *de partis, parce que j'ai l'espoir que sous*
« *le feu des canons allemands et au bruit de*
« *la fusillade, se refera l'unité morale de la*
« *Patrie.* »

« *Faisons la guerre ; la raison diplomati-*
« *que nous le permet, la raison économique*
« *nous l'impose, la raison militaire nous le*
« *commande.* ».

« *Faisons la guerre, l'heure historique est*
« *venue.* »

« *Il y a deux ans, il eût été trop tôt.* »

« *Dans deux ans, il sera peut-être trop tard.* »

Telles sont les paroles de M. le député Dreyfus.

S'est-il bien rendu compte de l'importance qu'elles pouvaient avoir au point de vue de l'augmentation des crédits militaires que demande à nouveau le cabinet de Berlin ?

. . . .

Nous les signalons à nos concitoyens, pour qu'ils sachent quels sont ceux qui font leurs efforts pour troubler la paix de notre pays.

Pourquoi cet appel à la guerre ?

Pourquoi ce cri sinistre vient-il déchirer nos oreilles au moment où personne ne s'y attendait ?

Pourquoi, sans motif avouable, vient-on nous inviter à franchir la frontière ; quand nous avons su si fièrement mépriser les provocations de Pagny-sur-Moselle et de Raon-la-Plaine ?

M. Dreyfus a là une excellente occasion de faire l'essai du *Referendum*.

Qu'en sa qualité de député, il veuille bien faire consulter la France sur ce désir qu'il a de voir la guerre éclater au plus tôt.

Nous savons d'avance ce que la France répondra.

La France interrogée dira qu'elle ne cherche pas la guerre, parce que, aujourd'hui, la guerre est inutile.

Elle dira qu'une guerre inutile est criminelle.

La France demande du travail ; elle veut la paix, mais la paix honorable.

Et si ses destinées doivent dépendre de quelqu'un, ce n'est certainement pas de M. Dreyfus.

Il y a une loi qui punit l'excitation à la guerre civile.

M. Dreyfus sait qu'il est à l'abri de celle

qui devrait punir la provocation à la guerre étrangère.

L'œuvre de M. Dreyfus n'aura aucun effet; notre regret est de lui donner, malgré nous, plus de retentissement qu'elle en mérite.

Notre seul but était de signaler au pays ses ennemis de l'intérieur, il connaît suffisamment ceux qui sont de l'autre côté de la frontière.

E. LANGLOIS

a.-337. — Paris. imp. Dosmond, 14, rue Pavée

www.ingramcontent.com/pod-product-compliance
Ingram Content Group UK Ltd.
Pitfield, Milton Keynes, MK11 3LW, UK
UKHW020451180726
13839UKWH00004B/1756

9 782329 574240